편지

길보배 주연유 JINNIN 진심을표현하기위해서
김근호 SH 이동현 랑호 김지선
예솔 다솜 아리솔 이현아 김민지
이경태 자는곳 윤상준 이연 희영
김수연 최가을 유빈 조주안 섬나비
김소이 최경석 장호용 이의끼 온새
연아 솔숲 한율 목련 장민재 이지영
부부 연지 충성 곤 구름 리
김현우 수빈 오연희 여진 무진 -

잉크에 마음을 녹여 종이에 가두는 일
손끝에서 펜끝으로 마음을 그리는 일

2020년 7월

I

덩어리 길보배	13
답장 주연유	14
교외 jinnin	16
우선 진심을표현하기위해서	18
겨울, 사랑 김근호	19
그랬으면 좋겠다 SH	20
바다를 쏟다 이동현	21
경화수월첩 랑호	22
To. 사랑하는 엄마 김지선	24
중략 예솔	26
눈물 다솜	27
남기는 글 아리솔	28
수취인 불명 이현아	30
나, 너 김민지	32
공전 이경태	33
Dear 자는곳	34
너에게 편지 쓰는 과정 윤상준	36
비밀에 부쳐 이연	38

쵸코파이 사랑 희영	40
대신 전해드려요 김수연	41
무명의 사랑 최가을	42
전하지 못한 진심 유빈	44
지우개 조주안	46
편지 섬나비	48

II

나의 여름에게 김소이	53
청아에게 최경석	54
너에게 장호용	56
여정을 떠나는 이에게 이의끼	57
ㅅㅇ에게 온새	58
안생에게 연아	60
편지에게 솔숲	61
당신에게 한율	62
목련에게 목련	64

달에게 장민재	66
그때의 우리에게 이지영	67
나의 반려에게 보보	68
사랑했고 사랑할 이에게 연지	70
안녕, 나의 첫사랑에게 충성	72
운명에게 곤	74
다신 보지 못할 너에게 구름	76
빛나는 달에게 여진	78
언니에게 리	80
너에게 김현우	83
나에게 수빈	84
부모님에게 오연희	85
없음에게 무진	86
	88

*작가명은 작품 첫 장의 쪽 번호 옆에 표기하였습니다.

I

덩어리

내 마음 실은 구름 덩어리
바람에 찢어져
그것밖에 받지 못한 거지?

비구름에 조금 젖어
번져 읽지 못하는 거지?

구름 없이 맑은 날은
너에게 온 마음이 없는 것 같아

나는 혼자인 것 같아

답장

괜찮아
이제 우는 날보다
울지 않는 날이 더 많지
내 발레 선생님이 이런 얘길 했어

손끝에 힘을 주기 위해선
발끝에 제대로
신경을 써야
신경은 이어져 있고
서로를 꽉 잡고 있다고 그런 말을 했어

너와 나는 이제 손끝에서
발끝까지 그런 거리가
그런 거리에서
마음을 보내지

네가 나에게 보낸 좋아요
그런대로 위로가 됐어

나도 마음을 보내고 길어지는 말을
계속 접어 나가려고 해
답장은 하지 않아도 괜찮아

교외
- 이름이 기억나지 않는 친구에게 보내는 편지

죽은 부랑자의 어금니를 뽑아 목에 걸고 다닌다던
아이와 공사가 중단된 철로 위에서 숨바꼭질하던
저녁 날 다리 저는 바람 장난하고 우린 시커먼 벌거숭이

낙석주의 표지판 산비탈 경사면을 덮는 진청의 천막 위로
느리게 도는 털구름 빠르게 도는 비구름 아래로
늙디 어린 나의 공상이 번지면 엄마는 코를 쥐시고

아이는 부랑자의 사생아라고 나는 엄마의 딸
아이는 부랑자의 사생아이고 나는 엄마의 딸

이 도시는 흙냄새와 쇳냄새가 뒤섞여 기이한데
나는 잠깐의 산책에도 여독이 쌓여 괴로워하다
흐린 하늘임에도 바라보니 지독히 눈이 부시어

손바닥으로 하늘을 가리면 딱 그 만큼의 그늘
아이야 어서 이 아래로 숨어 니 어미 너를 못 보게
그리고 보도블록 사이에 낀 지렁이들의 이름 붙이자

우리는 교외의 자식 퐁퐁으로 비눗방울 불자
우리는 교외의 자식 전단지로 바람개비 접자

우선

비가 내리는 날이면
이른 아침 나간 네가 생각난다

덧버선 올려 신고 어그를 꽉 신고
추위를 느끼는 와중에 네 생각에

한 품에 우산을 들고 흘러내리는
스카프를 둘둘 말고 우산을 고쳐 들고
손에 숨을 후후 불어 넣는다

몇 숨 후 오는 차엔 네 모습이 보이질 않는다
또 몇 숨 기다리면 된다

함께 오는 길 네 이야기 듣다가
문득 떠오른다 집에 두고 온 것들
못 한 것들 해야 할 것들

너는 나에게 이만큼 우선이란다
우선이란다

겨울, 사랑

어제는
이불 속이 온통 겨울이었다
검게 언 잉크병처럼 슬펐다
매일 그랬듯
네 이름을 적고 자야지
언 마음에
펜촉을 찌르다
내가 몇 개나 부러졌다
너를 사랑하기 위해서
봄이 와야 한다

그랬으면 좋겠다

네가 나에게 쓴 편지들
우리가 같이 보낸 시간들
다시는 돌아갈 수 없겠지
예전 같은 사이가 될 수 없겠지

우연히 길에서 마주쳐도
어색한 미소조차 짓지 못할 것 같아
보고도 모르는 척 지나갈 것 같아

건네 주지 못한 편지가 있어
언제쯤 너에게 닿을까
언제쯤 아무렇지 않게 마주할 수 있을까

너도 가끔은 내 생각을 할까
내 생각이 날까 궁금해
너도 내 마음과 같았으면 좋겠다
그저 그랬으면 좋겠다

바다를 쏟다

너와 이별한 후에
나는 왈칵 바다를 쏟아버렸다

바다 위에 작은 배
하나 띄워 보내니

바다가 흘러 흘러
너에게 닿으면 파도를 타고

네가 다시 돌아오기를

경화수월첩 鏡花水月牒*

유리벽
너머에 부치는 편지

월月,
너는 곧 떠나겠지

아무리
요동 쳐봐도

날 봐주는 것은
몇몇의 별

애꿎은 모래알들만 괴롭힌다
네가 돌아앉을 때 조심히

추파를
건네면 금세 뒤로 고쳐 앉는

너는,
다시 내게 눈길을 줄까 싶다가도
사라져버리는

너는,
너를,
기다리겠다

하염없이 날 애태우는 너의
뒷모습

사라지지만 말아다오

삵의 너는 너무 어두워
내가 길을 잃을테니

나는 란**, 너는 월

오늘도
너에게 부치는 경화수월첩

* 눈에 보이나 손으로 잡을 수 없는 너에게 부치는 편지
** 瀾: 물결 란, 큰 파도

To. 사랑하는 엄마

　엄마, 오늘 제 꿈을 꾸셨다고요? 꿈속에서 나는 무얼 하던가요? 내가 꽃을 보고 있었다구요. 꽃이 되고싶은 내 바램이 엄마의 꿈까지 전해진 걸까요. 지난 봄은 어느 해보다 낭만적인 봄이었어요. 비를 싫어하던 내가 그 해 봄비마저 사랑했으니까. 그와 함께 맞는 비는 무섭도록 빠르게 내 마음을 적셨고, 나는 아직 그 빗줄기의 달콤한 통증을 생생히 기억하고 있어요. 유월의 바람은 코끝에 무엇인가 싣고 와 수백 번 우리를 취하게 만들었고, 우리는 그런 서로를 바라보며 미소와 함께 입을 맞출 뿐이었어요. 그리고 사랑이란 이름을 붙여주고 영원이란 걸 약속했어요. 뜨거운 유월의 태양 아래 대지의 생명들은 익어가고, 사랑은 내 이마를 뜨겁게 짓이겼고, 그로 인해 나는 아직까지 고열에 시달리고 있어요.

　엄마, 믿기시나요? 그가 떠나갔고, 긴 겨울을 보냈고, 또 다시 유월이 왔는데도 내 이마가 아직도 이토록 뜨겁다는 게. 좀처럼 내 열은 내려갈 생각을 안해요. 그리움의 모서리에 지난 봄이 가득해서일까요. 지난 봄비에 채 마르지 못한 기억들 사이에 언제쯤 곰팡이가 피어 눈부신 내 기억을 조금이라도 가려줄까요. 예상보다 빠르게 추위가 찾아왔고 나는 단풍도 들지 못한 채 준비 없이 이별이라는 겨울을 통째로 삼켜야 했어요.

함께 타오르던 대지의 생명체들은 겨울을 기다린 듯, 아니 어쩌면 모두 입을 맞추기라도 한 듯 잠시 겨울잠을 자고 현재의 유월에 다시 찬란히 빛나고 있네요. 나 또한 피고 지더라도 다시 피어날게요. 꿈속의 꽃들처럼.

엄마도 그랬듯이.

2019년 6월, 사랑하는 둘째 딸 지선 올림

중략

너에게 쓰고 싶은 편지를 몇 통이나
부치지 못하고 서랍에 넣어 두었다
수많은 중략 속에서 몇 걸음이 남았다
뜨거운 것을 삼킨 듯 속이 울렁울렁했다

너의 퇴근길,
아직은 따뜻한 노을이 되기를
채 어둠이 찾아오기도 전에
켜지는 가로등이 되기를
위로없는 곡에 흐르는 멜로디가 되기를
우연히 마주치는 행복이 되기를

눈불

-새벽편지

밤이 깊어지면 눈 안에 모닥불이 생겨
눈을 감으면 타닥타닥 타올라
쉽게 잠들지 못해

무엇이 두려워서
하늘이 푸르스름 해질 때까지
눈 안에서 불멍을 하나

나뭇가지에 걸어
나뭇잎에 묻어
전부 태워버리고

얼른 놓아주어 어젯밤을

남기는 글

나도 모르게 당신에게 빠져있었던 순간들은
등부터 적셔지는 내 몸이
바둥댈 생각도 없이 희미해지는 빛을
바라보며 아주 천천히 가라앉는 시간들이였어
일렁이는 파도 속에서 잔잔하게

나는 알았겠니 감정의 골이 이렇게 깊어졌는지
나는 알았겠니 잊혀져야 한다는 게 이렇게 어려운 일인지
나 스스로 빠지지 않겠다 방어했지만 어쩔 수 없었다는걸

한 번도 손을 맞잡아 보지 않았지만
한 번도 당신의 팔을 붙잡아 본 적 없지만
그저 같은 거리에 발맞추며 걷고 있는 것에 감사했어
그저 당신을 쳐다보는 것만으로도 좋았어
그럴 리 없다고 부정했지만
내 입가의 미소는 속일 수 없더라

당신과 귀를 맞추며 보고 싶다는 단어를 전해 들은 순간
아무것도 못 하며 유리창에 비친
부정하고 있는 나를 보니 안쓰러웠어

"나도"라고 말하지 못했거든

나도 "보고 싶다"는 하고 싶은 말을 꾹꾹 눌러 담고
여전하게 아프겠지만 이제는 그만할 때가 된 거 같아
내게 남은 당신의 향기가 마지막 기억이 될 수 있게
길을 가다가도 향기로 당신을 기억할 수 있게

잔잔한 향기로
내게 미화되어 남아줘

처음 서로가 몰랐던 때로,
서로의 그림자도 못 알아볼 때로 돌아가고 싶어
이젠 엉킨 실뭉치를 다시 풀어야 할 때가 온 거 같아
당신과 함께 하는 기분들은 이제 한 꺼풀씩
벗겨내야 할 때가 온 거 같아

흉터가 아물어서 새살이 돋아오를 때까지
우리 이제 그만 멀어지자

안녕

수취인 불명

그냥 걷던 중이었다
삶이 나를 지치게 하던 순간
누군가에게 위로가 필요하던 순간

땅을 보고 걷던 중이었다
발에 차이던 낙엽들이
마치 나의 마음처럼
바람에 흩날려 이리저리 갈피를 잡지 못하고 있었고

문득 편지 한 통이 눈에 들어왔을 뿐이었다

바닥에 가만히 앉아있던 편지를 들어
괜한 호기심에 펼치니
'누군가에게'라고 적힌
수취인 불명의 편지

자신을 너무 낮추지 마요.
태어남과 동시에 당신은 이미 특별한 사람입니다.
특별하지 못해 힘들어하는 누군가 읽어주길 바라며….

마치 나를 오랫동안 지켜봐 온 누군가처럼
마치 지척에서 내 모습을 보고 있던 누군가처럼
그 짧디짧은 석 줄은 나를 위로하고 있었다

수취인 불명의
나의 마음을 울린 이 종잇조각을
두고두고 위로받고자
손잡고 돌아가려다

이 짧은 글에 위로를 받을
또 다른 누군가를 위해
남겨두기로 했다

누군가에게 감사하며
그 누군가를 위해

나, 너

나를 바라보며 미소 짓는 너는
그래, 항상 그랬다
활활 불타오르지도 꺼지지도 않는 촛불이었다
나는 네게 이유를 물었고
너는 내게 조용한 미소를 지었다

너는 알았을까
그 미소는 내가 가장 원하는 대답이었는걸
나는 또다시 대답을 갈구하고
너는 변함없이 대답해주겠지

안녕?
안녕

공전

-2016. 12. 27.

어느 겨울날

갑작스레 새벽 눈이 내렸고

네 생각도

갑작스레 나를 찾아왔다

너를 처음 만났던

계절이 왔고

지구가 태양을 한 바퀴 도는 동안

나는 여전히

제자리였다

Dear

새벽에 사랑하는 그대에게
나는 당신을 새벽에만 사랑해요

낮에 살아 있는 것도 나고
새벽에 깨어 있는 것도 나인데

조금 다른 점이 있다면
새벽의 나는 당신을 사랑해요

나는 가끔 당신과 달 아래 골목을 걸어요
머리맡에 머무르던 잠도 달아나고
나에게 온전히 남은 건 사랑 밖에 없어요

낮에는 시끄러워 듣지 못했던 당신의 소리를
이슬 단위로 쪼개어 들을 수 있어요

누구보다 가깝고 빠르게 삼킬 수 있어요
겉돌던 피가 드디어 온 몸에 돌아요

보세요
손이 따뜻하잖아요
그러니까 우리 새벽에는 사랑을 해요

우리 새벽에만 사랑을 해요

너에게 편지 쓰는 과정

가게 창가에 비친
예쁜 편지지에
네 생각이 나

어떻게 시작을 해야 할까
썼다 지웠다
구겨진 종이는 늘어만 가는데

혹시라도
못생긴 글씨체가 우습게 보일까
손가락 힘은 빠질 생각을 못 해

말로도 표현 못 했던
사랑스러운 너를

글로 표현하자니
다 담아낼 수 없어

그럼에도
너가 잠시나마 환히 웃길 바라며

진심을 이 편지에 새겨
사랑을 너에게 보내

비밀에 부쳐

도착까지 일 년이 걸린대
우체통의 문구를 같이 읽으며 이야기했었다
우리는 그때도 우리가 만만할까
두렵거나, 서로의 치부가 되어버리면?

얼떨결에 쓴 문장 앞에서 한없이 외로워진 적이 있다
같이 있을 때만 쓸 수 있는 어떤 비겁한 문장들
마음이 그린 글자는 언제까지고 유효합니까

우리는 결국 만나지 못했고
그것이 되려 다행이라 여긴다면
마음 한 움큼 정도는 무사할 것이었다

하지만 종종 어떤 것은 명확한 불행이고
우리는 기어이 몸져눕는다

다시금 단단히 착각할 수 있을까
아직 사랑할 것이 남았다고
찾게 될 삶의 의미가 아직 많이 남았다고

그날 우리는
의문을 의문인 채 두기로 했다
우리의 공공연한 비밀이라 하면서

쵸코파이 사랑

코스모스 한들대던 어느 가을날
빡빡머리 교복 입고 통학버스 뒷자리에 앉아
와자지껄하던 소년아

유난히 빛나 보이던 그 소년은
내 공허한 가슴 속 별이 되어
운명 속으로 들어왔지

먼 길을 걸어 하굣길에 나눠 먹던
쵸코파이 사랑을
그대는 기억하고 있는가

耳順을 앞에 두고 한 이불 덮으며
추억을 나누는 인생의 동반자가 되었으니
참으로 고맙소

코스모스 한들대던 그 길을 걸으며
쵸코파이 우리 사랑
다시 한번 느껴보세

대신 전해드려요

내 손 안에 가둔 그 말
막상 네게 말하려니 두려워
속으로 하나 둘 셋을 세었다

깊이 숨을 들이마시면
조금 쉬울 것 같던 그 말이
아예 마음 깊숙한 곳으로
꽁꽁 몸을 싸매고 숨는다

그럴 때마다 생각하곤 한다
손으로 꾹꾹 눌러 담은 글자들이
이런 내 마음을 대신해주길

옴쌀달싹하다가 전하지는 못하며
자꾸만 자책하는 내 마음을
그 편지가 대신 전해주길

무명의 사랑

이름을 간직하지 못한 당신을 향한 사랑
그 사랑을 제대로 끝맺지도 못해서
나는 항상 아린 감정을 느꼈다

누군가 내게 그것은 너무 진부한 감정이라 하였지만

그 진부한 감정이 내 속에서
나갈 생각을 하지 않았던 것을

이름조차 부르지 못했던 당신이
내 입에서 계속 맴돌던 것을

어찌 진부하다고 해서 가치를 매기지 않을 수 있을까

생각해보면 나는 항상 무명의 사람을 사랑했다
그렇게도 열렬하던 내 사랑의 끝은
흔적조차 남기지 못한 채 아스러졌지

나는 이다지도 진부한 사랑의 끝을
언제나 맺지 못한다

그러니,
사랑아

비겁하게 숨어 여기서라도 나의 사랑을 말해본다

전하지 못한 진심

안녕, 나야
내가 하고 싶은 말이 있는데, 만나서는 못 말할 거 같아서 너에게 편지를 써

좋아해 대답 바라고 한 건 아니야
그냥 이런 내 마음, 너도 알아주었으면 좋겠어서
갑작스럽고 이런 내 마음 넌 몰랐겠지

하지만 이런 내 마음은 갑작스럽지 않았어
어느 순간 네가 나타나 내 마음에 눈 녹 듯 스며들었어
나도 너를 향한 이런 내 마음 부정하고 또 부정했지만, 달라진 게 너를 향한 내 마음이 더 커졌다는 것
그뿐이야

편지 한 통에 내 마음을 다 바쳐 쓰고 싶지만, 그러기엔 네가 부담스러워할 거 같아서 조금만 쓸게
하지만 난 널 좋아했다는 사실을 전혀 후회하지 않아
넌 그 자체로 소중했고 사랑받을 수 있는 사람이야
꼭 기억했으면 좋겠어

내 처음 페이지를 너로 쓸 수 있게 되어서 정말 좋아

이 편지가 너에게 닿을 수 없다는 걸 알지만, 내 마음을 전하고 싶었어

아직은 이 편지를 내 마음속 깊이 묻어둘까 해. 그때까지만 네 생각 좀만 더 하고

내가 좀 더 용기가 생기면 그때 너에게 내 진심을 전할게

지우개

지운다 소리쳤던
너라는 글자는
아무리 문질러도
번져만 갈 뿐
남아 있다

하루
그리고
또 하루
지나가는 시간 속에서

나조차 모를 흔적으로
너를 쓰고 있다

쌓여만 가는 붉어진 가슴에
퍼져있는 너는

기나긴 그림자 속에
숨어있는 너는

나의 하루를 또
나의 기억을 또
나의 꿈속을 또
너로 채워간다

지울수록 번져가는 글자 속에서
끝내지 못할 너의 이름이
나를 부른다

편지

잘 지내니? 숨고 싶은 너에게
겨울은 춥고 여름은 덥지
시는 잘 챙겨 먹고 다니니?
노래라도 많이 들어

잠은 중요해 돈 주고
살 수 없는 것들이 그렇듯이

영혼이 너를 밥 먹여주진
않아도 계속 밥을
먹게끔 해줄 거라 믿어

알지, 너의 우울감
조그만 네가 생각으로 방을
가득 채운다는 것도
사실 가끔 방에서 2, 3일씩
나가지 않는다는 것도

사실 이 정도의 시도
읽기 힘들 만큼의 무력감마저도

(…이 시도 이쯤에서 읽히다 말지도 모르지)

너만 겪은 과거가
너를 종종 사람들이
많은 곳에서도 혼자 있게 만든다는 사실도

억지로 끌려 나온
세상에서 한없이 투명해지고
싶어 한다는 것도

이런 안부가 전해지면
좋겠다

나의 서툰 염려와 사랑 같은 것이
…

나, 내 멋대로 욕심과 사랑을 퍼서
말들을 욱여넣어, 좁디좁은 이 위로

너가 슬픔 대신 따듯한 말을 삼킬 수 있게
눈물이 목 막히게 하지 않게
이번 생을 너무 굶주리게 남기지 않게

끝내 내 욕심으로 편지를 부쳐
건강하길, J

II

나의 여름에게

가끔 길을 걷다 보면
문득 따스한 바람이 불어와
햇살에 볼이 뜨거워지고

옆에 있는 너의 손을 잡을 때면
내 머리를 스친 이 향기가
나는 너의 것이라고 착각하는 거야

그렇게 너로 기억되는 것들이 늘어가고
오늘 혼자 걷는 이 길에
나는 마치 너와 함께 걷는 기분이 들곤 해

근데 말이야,
파도 소리가 들리면
누가 뒤에서 따라오는 것만 같아서
자꾸 뒤를 돌아봐

청아에게

우울한 날이에요
오늘은 비가 왔으면 좋겠어요

비가 오듯
당신이 왔으면 좋겠어요

어찌 이리 매정한지
이내 하늘은 맑기만 하더군요

푸른 하늘에 안겨 있는
하얀 구름을 보니

청량한 당신이 떠오르는
오월의 오후입니다

마치 내 맘속에 들어온
그대를 수놓은 듯합니다

구름이 한낱 바람에 흩어지듯
당신 생각도

이리 쉽게 흩어져 버리면
얼마나 좋을까요

선명하다 못해 마음 깊이 새겨져 버린 당신을
끝끝내 지우지 못해 못내 아픈 당신을요

너에게

사각이는 펜촉, 새겨지는 세 글자의 이름
물들여지는 종이, 담겨지는 세 글자의 이름

나는 어딘가의 너에게, 약간의 나를 보낸다
나는 언젠가의 너에게, 지나간 나를 보낸다

한결 같을 나를 담아
변해갈 어느 순간의 너에게

온갖 미사여구를 붙이고
장황한 마음을 늘여쓰다가
다시 깎고 지우고

사랑한다는 말만을,
지금 순간의 나만을 담아
사랑하고 있는 너에게

한결 같을 나를 담아
항상 웃었으면 하는 너에게

여정을 떠나는 이에게

가야 할 길이 있다면
주저 말고 떠나라

신기루가 아닌
오아시스는 존재하며

드넓은 초원은
당신을 기다리고 있으니

ㅅㅇ에게

잘 지내니 조만간 만나서 밥 먹자.
덧없게 다가오는 인사말에
맥이 빠져 마지막 답장하지 못한 것
묵혀 둔 보따리는 처박힌 그대로

아침에 설거지를 하다 눈가를 훔칠 때면
문득 네 웃는 얼굴 생각 나
지내는 건 누구나 할 수 있지만
잘하는 법은 도무지 모르겠어서

난 모든 걸 포기하고 쉬워했고
넌 모든 걸 포기하기 어려워했지
우린 참 끝과 끝이었는데
무엇이 둘을 이어 원으로 만들었던 거지

추운날 역전 포장마차에서
나중에 꿈이 뭐냐며 지나가듯 건넨 식상한 질문에
꽤 진지한 표정으로 너다운 대답을 건네줬던
이따금 아직도 그 꿈은 유효한지 속으로 묻고는

웃음 눈물 번민 가득 좋아하던 곱창집
사장님은 여전하지만 허름했던 포장마차에서
어엿한 가게로
고된 퇴근길 그 앞을 일부러 빠르게 지나치며
그래 많은 것들이 이렇게 바뀌어 가는 거겠지 라고

아무 날도 아닌 날 갑자기 건네 준 엽서엔
춘풍십리, 불여니春風十里, 不如你.

봄바람이 가장 높을 때 태어난 아이야
누구에게도 그런 말을 들어본 적이 없었어

조금만 더,
아주 조금만 더 시간이 지난 후에
그새 차곡차곡 쌓아 둔 보따리를 풀어
향이 좋은 엽서에 답장할게.꼭

안생에게*

　우리는 한껏 단순해져야 한다고, 너는 말했지. 네가 해준 말이 이것뿐이라서 나는 믿고 싶지 않았다. 나의 안생, 너는 비밀이 많아서 계속 살아가야 했고, 안부가 없는 날에도 너는 살아야 했다. 그날은 낯선 사람의 친절함이 그리운 날이었고, 거리를 떠돌기에는 네가 너무 많은 날이었지. 네가 어울리고 싶어 했던 술집. 두려운 것을 두려워해야 했던 밤. 술잔을 드는 행동에도 설명이 필요했고, 너는 네가 해야 할 일을 알고 있었지만. 나의 안생, 너는 그림자가 다 자라기도 전에 자유로워지는 법을 알았지. 그림자극을 할 때처럼 서로에게 그림자를 보여주다가, 우리는 그림자도 제법 다르다는 걸 알게 됐지. 밟고 밟히는 것에 의미를 두는 것. 너는 나쁘지 않다고 했다. 나의 안생, 너는 생각이 생각을 집어삼킬 때를 지켜보는 아이였지. 겹쳐지는 생각 안에서 너는 책임지는 법을 배웠다. 너는 모든 것이 안정되길 바랐지. 안정적인 세계에서 살고 싶은 불완전한 사람. 너에게 자유는 일종의 구속이었고, 나는 뒤늦게 깨달았지만. 나의 안생, 알고 보면 우리는 서로를 모를 수밖에 없지. 이런 철학적인 질문은 이제 그만하자. 안생, 우리를 우리라고 불러도 될까.

*영화 '안녕, 나의 소울메이트' 주인공 이름.

편지에게

파란 향이 나는 너는
파도처럼 밀려와 나를 흠뻑 적셨고

여름밤을 나는 너는
뜬 눈으로 지새웠고

오랜 장마 동안 나는 너는
아니 너 아닌 나만 쭉 축축한 채였고

여름이 끝나갈 즈음
미지근한 물을 뚝뚝 흘리던 나는

공중에 향만을 남기고
땅에 떨어진 재가 되었지
물거품이 아니었던 재는 그대로 남았다

가을비가 잿물을 만든 그 날 밤
흥건한 편지를 건넸다
한여름의 습기가 한 글자 한 글자 새겨진

당신에게

당신에게
편지 하는 날입니다
인사말, 짧은 안부

다시 봄이다 하는
덧없는 말까지

마음이 길어지면
연서가 될까 싶어

그리움을 덜어내고
미안함을 담았습니다

혹여 답신을
하지 않으실까 하여

맺음말을 빼고
물음을 넣었습니다

모나지 않게 접어
엽서를 붙이다가

오래 보지 못한 당신께
편지를 쓰는 일은
이 봄을 함께 지내고 싶음입니다, 하는

추신은 덧붙이지 않았습니다

목련에게

새하얀 자태가 눈부셔 감히 너를 동경했다. 너를 보면 사랑에 빠지지 않을 수 없다고 감탄했다.

그랬던 내게 그녀가 다가와 말하길, 자신은 목련이 싫다고 했다. 그녀는 목련이 너무 빨리 진다는 이유로, 길가에 나뒹구는 목련들을 지켜보는게 서글프다고 했다.

나는 탄식하며 생각했다. 넌 왜 그리 연약할까. 어제는 분명 높은 곳에 매달려 빛을 내던 너였는데.

하루가 지나고 나니, 너는 바닥으로 추락해 사람들의 발치에 치이고 있었다.

걸을 때 마다, 떨어진 목련꽃들이 내 발 끝에 엉겨 붙었다. 생채기가 나서 지저분해진 흰 꽃잎이 더는 아름답지 않았다.

그제야 깨달았다. 사람들이 너를 올려다보며 했을 생각을.

그들은 애초에 목련이 아름답다고 생각해서 올려다보는 게 아닐지도 모른다.

그 새하얀 것을 어떻게 쉽게 더럽힐까 고민하고 있었는지도 몰라.

아주 어릴 적, 때묻지 않은 흰색이 부러워 너의 목을 따다가 단단한 돌맹이로 수도 없이 생채기를 냈었던 유약했던 나처럼.

우리는 홀로 물들지 않는 너의 고결함을 시샘하고 있었는지도 모른다. 그럼 내가 너를 사랑하는 감정은 대체 무엇일까.

그러니까, 그러니까, 말이야.
내가 하고 싶었던 말은.

쉽게 져버리지 말아줘.
조금만, 조금만 더 그곳에서 버텨줘.
그렇게 완연한 나의 봄을 완성시켜줘.

달에게

그 어두운 무늬 속에
얼마나 큰 아픔을 숨기고 있었을까

짙은 밤하늘 속에서도
상처를 숨기기 위해 얼마나 빛을 내었을까

어쩌면 너는,
그 수많은 별들 속에서
자신을 지켜내기 위한 싸움을 하고 있지 않았을까

난 가끔
달을 보면 네가 보인다

그때의 우리에게

어쩌면 당신에게는 닿지 못할 말을 담은 편지들을, 떠오르는 생각들을 꾹꾹 눌러 일기에 담던 날들이 있었다.

그 작은 공간에 내 감정을 넘치도록 담는다는 것은 내가 당신을 기억하는 동시에 잊어가는 벅찬 과정이었다.

당신에 대한 문장들이 고요한 새벽에 크나큰 파장을 일으킨다.

내 마음의 파도가 당신에 대한 그리움, 원망, 사랑이라는 커다란 돌에 또다시 으스러진다.

그렇게 나를 집어삼키려던 파도는 어느새 흔적도 없는, 조용한 물거품이 되어있었다.

언젠가 내 마음이 전해졌으면 좋겠다, 멀리멀리 당신에게로.

나의 반려에게

죽으면 아무것도 없다며
천국을 믿지 않는 사람은 너무나도 많지만
나는 나만의 천국을 믿어
어차피 아무도 증명하지 못하는 곳
우리는 꼭 그곳에서 다시 만나자
외로운 건 당연한데도
인정하기가 싫어서
도망치다 보면 공허에 다다르기 마련
유리장 안에 갇힌 너를
꺼냈다고 생각했는데
넌 유리장 밖에 있었던 걸지도
나를 원한 게 아닐지도 모르겠지만
내 품에 안겨주어서
나는 그때
너의 평생을 함께 하겠다고 약속 했어
웃을 줄 모르는 너는
웃고 있는 나를 볼 때
무슨 생각을 할까?
잠든 모습을 보면
어떤 꿈을 꾸는지 궁금하고

그 꿈 안에 내가 있기를
기대해보기도 해
지루했던 일상이
너로 인해 너무 넘쳐서
가끔은 혼자였을 때를
떠올린 적도 있지만
시간을 되돌리더라도
절대로 너겠지
같은 공간에 있어도
다르게 흐르는 시간을
매일 각오하다 보면
헤어지는 날
나는 견뎌낼 수 있을까?
변하지 않을
가장 순수한 영혼
난 못 해준 것만 생각나겠지만
넌 행복한 기억만 가져가
만나고 나면
다시는 오지 않을 재회
그곳에서 기다려줘

사랑했고 사랑할 이에게

오늘도 난 당신을 그립니다
요즈음 당신의 온기가 그립습니다

나를 따뜻하게 감싸 안아주던
당신은 잘 지내고 있는지
아픈 곳은 없는지
당신의 안부가 그립습니다

기억 너머 자리한 당신의 온기와
잡힐 듯 잡히지 않는 마지막 모습에
괜히 빈자리를 쓰다듬어 봅니다

희미해져 가는 기억은
삼키고 또 삼켜져
잊지 못할 추억으로 남았습니다

당신 또한 나와 같은 마음이신가요
행복하게 지내신다면 다행입니다

당신을 향한 나의 마음은

그곳에선
부디
아프지 않기를
바랄 뿐입니다

안녕, 나의 첫사랑에게

외로움에
한참을 울다

시집을 꺼내
읽었을 때

설렘과 그리움의
연속이었던 것은

널
보내줬어야
가능한 것이었고

한 쪽 씩
넘길 때 마다

손가락이
아렸던 것은

오돌토돌한
종이의 질감마저

따갑게 만든
너였기 때문이다

운명에게

-너는 참 잔인해.
그러고서도 나는 뒤돌아서지 못했다

손톱에 낀 때처럼
군데군데 말라붙은 시간들이 쓰라릴 때까지

발바닥이 천장에 눌어붙어
혼자서는 걸음을 뗄 수도 없을 때까지

입술을 씹으며 네가 돌아보기만을,
그렇게

내 인생을 바쳤어
너를 변호하기 위해

그런데도 너는 나를 위한 변명 한마디,
희망 한 줄 써주질 않는구나

그날
나는 울었다

혼자서 울었다

네가 나에게서 이미 떠나간 것을
그제서야 알았다

다신 보지 못할 너에게

 안녕. 오랜만에 너에게 편지를 쓴다. 전하지 못한 편지를 쓰레기통에 버리고 이제 일 년 정도가 지난 것 같아. 넌 요즘 어떻게 지내니. 늘 그렇듯 잘 지낼까. 날 떠난 직후에도 그랬듯 아무렇지 않게 행복하게 지내겠지.
 나도 요즘 잘 지내. 신기하게도 네가 옆에 있을 때보다 행복한 것 같기도 해. 그때는 내가 다신 웃지 못할 줄 알았어. 네가 내 세상의 전부이고 너 없이는 안될 것 같았어.
 근데 아니더라. 많이 아프고 힘들었어. 매일 울고 괴로워하고 병원에 다니면서도 더 심해지기만 했어.
 근데 말이야. 정말 신기하게도 어느 순간 무뎌지더라. 나 요새 진짜 잘 웃는다. 네 옆에서 눈치를 살피며 웃었던 억지웃음이 아니야. 정말로 행복해서 웃음이 저절로 나와.
 친구들이랑 사이가 더 좋아졌고 엄마랑 동생은 더 소중해졌어. 내가 힘들 때 내 사람들이 날 버티게 했어. 흔들리지 않을 내 사람들이 확실해졌어. 네 덕분인 걸까. 그러면 난 너한테 고마워해야 하는 걸까.
 난 지금 행복하지만 아직도 네가 너무 미워. 겪지 않아도 됐을 아픔을 겪게 만든 네가, 처음으로 혼자가 아닌 미래를 그려보게 만든 네가, 아직도 여전히 생각나는 네가, 나는 너무 미워. 원망하고 또 원망해.

널 가볍게 떠올리는 날이 올 수도 있겠지만 그때도 아마 널 미워하지 않을까. 불행하게 살고 있길 바라지 않을까. 만약 다른 사람을 만나게 되더라도 널 완전히 잊진 못할 거야. 가장 빛나고 반짝였던 내 옆에 있던 너를 평생 잊지 못할 거야.

그러니 너도 날 잊지마. 가끔 떠올리고 후회하고 그리워해줘. 그거면 될 것 같아. 이 편지도 전하지 못하겠지만 그래도 이렇게 너에게 편지를 써. 마음에 담아둔 미움들이 너무 많아서 버리지 못한 미련들이 아직 남아 있어서 조금이라도 덜어보려고 이렇게 편지를 써. 잘 지내고 잘 지내지 못했으면 좋겠어.

그럼 안녕.

빛나는 달에게

달아,
말도 없이
어딜 그렇게 갔다 와서
이제야 예쁘게 나를 비추니

널 찾고야 했던
널 만나야 했던
그런 내 옆에 네가 없던 날

실망으로 가득했던 어제의 나를 위해
다음의 나와는 함께 하겠다고 말해주렴

어제 네가 피한 곳은 밤이었고
아무도 널 찾지 못할 거라 생각했겠지만
숨을 수 없을 만큼 빛나는 너라서
오늘 난 널 찾았어

함께였을 땐 몰랐는데
생각 보다 너는 내게 큰 빛이었더라

이제 '행복하다'라고 생각 들 때면
너에게 "고마워"라고 말할 수 있을 만큼
내 마음이 환해졌어

달아,
고맙고 또 고마워

언니에게

안녕?
어떻게 지내요?
난 잘 지내요
아니, 그냥 그렇게 지내요

비가 와요
비가 오고, 다시 해가 뜨고, 구름이 껴요
그렇게,
그렇게 시간이 지나요
그 시간들 동안
언니는 어떻게 지내요?

안녕?
한 마디를 건네고 싶어요
끝내 쓰러지지 못한 담벼락을
손에 꼭 쥐면 바스러지는 때 지난 동백꽃을
반짝이는 식탁 위의 숟가락을
언니에게 보여주고 싶어요

안녕?
나는 좀 벅차요
창문을 깨줘요

창밖에는
창밖에는 우산을 든 검은 덩어리들
나도 그것이 되고파
우산을 들어요

안녕?
그냥 안녕
이름을 불러요

목소리가
목소리가 닿지 못해 울어요
굴절되고 반사되어
파도가 되어 돌아와요
검은 파도가 나를 삼킬 듯
삼킬 듯 울어요

안녕?
어떻게 지내요?
비가 와요
비가 오고, 다시 해가 뜨고, 구름이 껴요
나는 다
전부 다 기억하고 있어요

안녕
그러니 안녕
어떻게 지내요
그냥
그냥 잘 지내요

너에게

나는 너를 생각하면
눈물이 난다

그때 그 기억을 잊지 못해
눈물이 난다

너는 모르겠지
그때의 내가 얼마나 미웠는지

언젠가는 너에게
미안하다 말할 수 있겠지

나에게

어떤 삶을 살았건
어떤 마음을 가졌건
너의 모든 것을 사랑했으면 좋겠어

네가 가진 하나하나가 의미 있는 것이고
네가 느낀 모든 감정들은 소중한 것이니까

지금 느끼는 감정만으로 널 생각하지 않았으면 좋겠어

너는 단단해지고 있는 것이고
단단해질수록 이겨내고 있다는 거니까

오랜 시간이 지나 너를 마주했을 때
활짝 미소 짓는 것만으로도 보람 있을 거야

혹시 울고 있더라도 자책하지는 마
꾹꾹 참아왔던 힘듦을 표현한 것일 테니까
펑펑 울고 나면 다시 미소 지을 너일 테니까

미소 짓는 너를 떠올리며
다시금 살아갈 나일 테니까

부모님에게

어렸을 때 밟았던 세상은
참으로 평평했던 것 같은데
그때 밟았던 건 세상 밑바닥이 아닌
부모님의 등이었음을

그곳에서 내려오고서야
세상이 얼마나 되바라졌는지
내 발엔 왜 그렇게 생채기 하나 없었는지
부모의 등 아래엔 얼마나 무수한 눈물이
종유석처럼 매달려 있었을지

너무 늦게 알아버렸네
세월에 긁혀 좁고 구부러진 등을 보며
당신들이 만들어준 나의 길이
나를 위한 최선의, 최고의 사랑이었음을

없음에게

모든 건 너무 쉽게 아무것도 아닌 것이 되어버려요. 심지어 어제의 나조차 지금의 내가 되어줄 수는 없죠.

발버둥이란 지금의 내가 과거의 기억을 가졌다고 믿는 것 같아요. 어제 봤던 단어를 오늘 다시 발음하면서 없어진 것의 형태를 지금으로 끌어와 보는 거예요.

결코 같은 모양일 수는 없겠죠. 우리는 장소와 환경과 매일 바뀌는 온도가 있는 행성에서 살고 있고 저는 지금 이 순간도 과거라고 믿던 것들을 잊어가는걸요.

그런데 어떤 믿음은 암시처럼 저를 살아가게도 해줬던 거 같아요. 지금을 예견한 것처럼. 붙잡을 걸 만들어주려는 것처럼.

그러면 나는 붙잡아요. 아무것도 아닌 것들이, 모래처럼 스러져가는 지금들이 그 과거가, 마음 속에 그림을 그리도록 해주는 거예요.

세상을 살수록 웃음이 나오기도 해요. 삶이 어이없고 웃긴 거 같아서.

행복은 정말 간단한 형태로 따뜻하고도 무겁게, 쉽게 오기도 하고요. 오늘 나와 함께 깔깔 웃었던 사람이 내일 가서는 혼자 빨개벗은 채로 울고 있기도 하고.

어이없게 사람들을 만나서 어이없는 사랑을 하고, 어이없게 약속하고 막 기약해버리고, 어이없게 혼자이고 평생 어떤 삶은 평생 그렇다는 게, 어떤 삶은 영원히 악몽만 꾼다는 게, 너무 우연하고 잠 반짝반짝하고 종잡을 수 없구나.

어제 보던 사람이 오늘은 없고, 정말 갖가지 종류의 상실을 얻게 되죠. 꼭 인간이 유일하게 소유할 수 있는 것이 상실일 것처럼 마음들은 상실이라는 샘 주위에 메워지고. 삶이 심심하지 말라고 한번 사랑해보라고, 이런 우연들도 사랑할 수 있는지 목숨을 화폐로 걸어보자고. 그래서 아무렇게나 생명들을 뚝뚝 떨어뜨리는지도 모르죠.

우리는 결국 모두 사라질 거예요. 붙잡음이 삶인 거예요. 그러니까 지금 오물거리는 밥을 반찬과 함께 차분히 씹고 내일로 삼켜요.

매일 약속해요. 어쩌면 또 보자고.

파도시집선 001

편지

초판 1쇄 발행 2020년 7월 7일
재판 1쇄 발행 2021년 4월 1일
　　4쇄 발행 2025년 1월 27일

지 은 이 | 길보배 외 45명
펴 낸 곳 | 파도
편　　집 | 길보배
등록번호 | 제 2020-000013호
주　　소 | 서울특별시 서대문구 증가로 17길 38
전자우편 | seeyoursea@naver.com
I S B N | 979-11-970321-0-3 (03800)

값 10,000원

ⓒ 파도, 2021. Printed in seoul, korea.

* 이 책의 판권은 지은이와 파도에게 있습니다. 양측의 서면 동의 없는 무단 전재 및 복제를 금합니다.
* 맞춤법과 띄어쓰기는 원본에서 기인하였습니다.
* 파도시집선 참여 작가들의 인세는 매년 기부됩니다.